westermann

Sprache untersuchen

Erarbeitet von

Dominique Bielau

Elke Krutz

Insa Scheller

Sabine Wolff-Stamer

in Zusammenarbeit mit der
Westermann-Grundschulredaktion

Unter Beratung von

Heike Baligand

Angelika Föhl

Tanja Holtz

Nadine Pistor

Illustriert von

Angela Fischer-Bick, Karoline Kehr

Flex und Flora

Deutsch inklusiv

Inhaltsverzeichnis

✋ handlungsorientierte Seiten

1  Welche Nomen kannst du zusammensetzen? Verbinde und schreibe.

 Käse und Brot werden zu Käsebrot.

Käse	Papier
Regen	Tür
Auto	Wolke
Geschenk	Ball
Apfel	Brot
Fuß	Baum

Käsebrot _____

_____

_____

_____

_____

_____

2  Schreibe die Nomen in der Mehrzahl.
Markiere die Wortbausteine **-e**, **-s**, **-n**, **-er** und **-en** am Ende.

ein Ei   —   viele Eier _____

eine Blume — viele _____

ein Opa   —   viele _____

ein Brot   —   viele _____

eine Gabel — viele _____

ein Hund   —   viele _____

ein Bett   —   viele _____

ein Bild   —   viele _____

1 Verbinde die Einzahl mit der Mehrzahl.
Markiere die Selbstlaute **a**, **o**, **u**, **au** und
die Umlaute **ä**, **ö**, **ü**, **äu**.

> ein H**u**t   ein Zaun   ein Blatt   ein Loch
>
> viele Zäune   viele H**ü**te   viele Löcher   viele Blätter

2 Lies die Sätze. Schreibe die passende Form von **haben** in die Sätze.

> ~~habe~~   hat   haben   habt   hast

Ich __habe__ Ferien. Du _____ Langeweile.

Er _____ Schnupfen. Ihr _____ einen Hund.

Wir _____ einen Apfelbaum.

3 Schreibe das passende Verb in die Sätze.

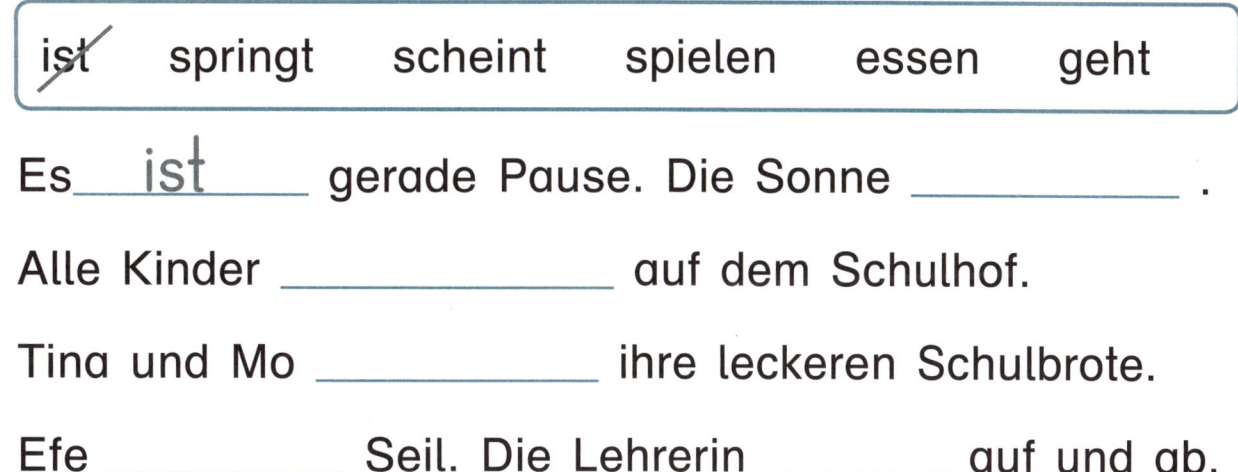

> ~~ist~~   springt   scheint   spielen   essen   geht

Es __ist__ gerade Pause. Die Sonne _____ .

Alle Kinder _____ auf dem Schulhof.

Tina und Mo _____ ihre leckeren Schulbrote.

Efe _____ Seil. Die Lehrerin _____ auf und ab.

Nomen in der Einzahl der Mehrzahl zuordnen
Die gebeugte Form von *haben* in Sätzen ergänzen
Die gebeugte Verbform in Sätzen ergänzen

5

Datum: _____

1 Lies die Sätze. Schreibe die Satzzeichen . ? !
Verbinde mit der passenden Satzart.

Wer hat meinen Stift genommen_?_	Aussagesatz
Eben lag er noch auf dem Tisch___	Fragesatz
Hat Tom ihn genommen___	Ausrufesatz
Gib ihn mir sofort wieder___	Fragesatz
Na, klar___	Aussagesatz
Das finde ich nicht gut___	Ausrufesatz
Mach das bitte nicht wieder___	Ausrufesatz

2 Lies und schreibe alle Doppelpunkte : und Satzzeichen . ? !
und Redezeichen „ ".

Mama fragt [:][ ] Hast du deine Hausaufgaben fertig [ ][ ]

Leila sagt [ ][ ] Ich muss noch lesen [ ][ ]

Papa ruft [ ][ ] Beeile dich [ ][ ]

Leila fragt [ ][ ] Warum denn [ ][ ]

Mama antwortet [ ][ ] Wir wollen ins Kino gehen [ ][ ]

Leila ruft [ ][ ] Juchu, ich freue mich [ ][ ]

Satzzeichen ergänzen und den Satzarten zuordnen
Redezeichen und Satzzeichen in einem Gespräch ergänzen

1 Schreibe die Formen der Adjektive.
Markiere die Veränderungen der Adjektive.

Grundform	1. Vergleichsstufe	2. Vergleichsstufe
klein		
	neu**er**	
		am grö**ß**ten

2 Lies und male das Subjekt blau und das Prädikat rot.

Der Hund	kaut	einen Knochen.
Schläft	das Kind	im Bett?
Mein Freund	spielt	Klavier.
Auf der Straße	fährt	das Auto.

3 Lies die Sätze. Unterstreiche die Verben im Präsens blau und
die Verben im Futur grün.

Wir spielen gerade im Garten.

Morgen werden wir die neuen Fußballtore aufbauen.

Heute gehe ich zum Training.

Ich werde dann wieder viele Tore schießen.

Klara rennt jetzt barfuß über den Rasen.

Danach wird sie grüne Füße haben.

Adjektive in Grundform und Vergleichsform schreiben und Veränderungen markieren
Subjekte und Prädikate erkennen
Verben in den Zeitformen im Satz identifizieren

7

Merkmale von Nomen festigen und anwenden

Datum: _____

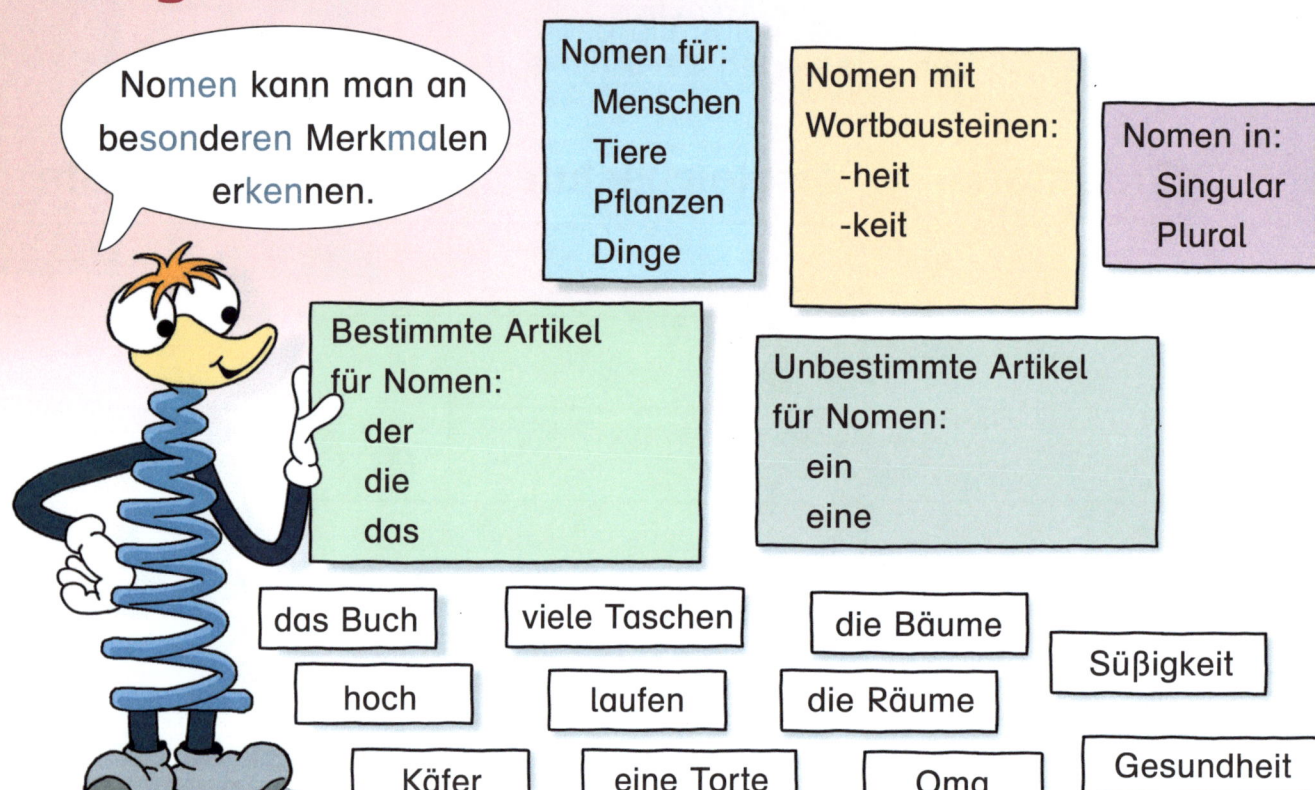

Nomen kann man an besonderen Merkmalen erkennen.

Nomen für:
Menschen
Tiere
Pflanzen
Dinge

Nomen mit Wortbausteinen:
-heit
-keit

Nomen in:
Singular
Plural

Bestimmte Artikel für Nomen:
der
die
das

Unbestimmte Artikel für Nomen:
ein
eine

das Buch	viele Taschen	die Bäume	
hoch	laufen	die Räume	Süßigkeit
Käfer	eine Torte	Oma	Gesundheit

 **1** Suche dir ein Partnerkind.

a) Lest die bunten Karten. Was meint Flex?

b) Welche Wortkarten sind Nomen? Erkläre es mit Hilfe der bunten Karten.

_____
Unterschrift Partnerkind

Nomen schreibst du groß. Sie können im **Singular** oder im **Plural** stehen: ein Hut, viele Hüte
Nomen haben **bestimmte** oder **unbestimmte Artikel**:
<u>der</u> Tisch, <u>ein</u> Tisch, <u>die</u> Tische,
<u>die</u> Hose, <u>eine</u> Hose, <u>die</u> Hosen,
<u>das</u> Kind, <u>ein</u> Kind, <u>die</u> Kinder
Nomen können **Wortbausteine** am Ende haben: -heit, -keit

 **2** Markiere alle Nomen oben auf den Wortkarten.

Ideen zum Einsatz des Tablets, siehe Handreichung, Kap. 1.3

Die Wortart Nomen wiederholen
Fachbegriffe **Singular** und **Plural** kennenlernen

1 Lies die Nomen und schreibe sie geordnet.
Markiere die Großbuchstaben.

Hase	Baum	Gurke	Bett
Katze	Schüler	Hose	Lehrerin

Denke an die Großschreibung.

Menschen	
Tiere	Hase,
Pflanzen	
Dinge	

2 Lies. Markiere die Nomen für Menschen, Tiere, Pflanzen und Dinge.
Es sind 12.

In der Vase auf dem Tisch steht eine rote Rose.

Ich habe sie meiner Mutter geschenkt.

Mama mag gern Blumen, Bäume, Hunde, Hamster

und Katzen. Doch am allerliebsten mag sie

meinen Vater, meinen Bruder und mich.

3 Lies den Text von **2** einem Partnerkind vor.
Erkläre, welche Wörter
du markiert hast.

_____
Unterschrift Partnerkind

Nomen dem Merkmal Mensch, Tier, Pflanze, Ding zuordnen
Nomen in Sätzen identifizieren
Die identifizierten Nomen einem Partnerkind erklären

9

1 Markiere die unbestimmten Artikel **ein, eine** und die bestimmten Artikel **der, die, das** vor den Nomen.

ein Kind   die Frau   die Hühner   der Stift

eine Giraffe   das Telefon   das Auto   eine Tür

die Schwester   der Bruder   ein Fluss   das Pferd

2 Lies den Text. Markiere die Nomen und unterstreiche den zugehörigen Artikel.

<u>Eine</u> Maus wollte einmal die Welt sehen.

So nahm sie einen Stock und band ein Kopftuch

daran. In das Tuch steckte sie eine Käsestange

und eine Wurstscheibe und ging los. Doch kaum

war sie losgegangen, knurrte ihr heftig der Magen.

Der Käse und die Wurst dufteten einfach zu gut.

So setzte sie sich auf die Haustreppe und

begann zu essen. Es schmeckte ihr so köstlich,

dass sie alles aufaß.

Da sagte die Maus zu sich: „Auf einer Reise

schmeckt es mir immer noch am besten!"

3 Schreibe den Text von **2** in dein Heft.
Markiere die Großbuchstaben der Nomen:
Eine **M**aus wollte …

Artikel als Merkmal von Nomen wiederholen
Artikel und Nomen im Text identifizieren
Großschreibung der Nomen beachten

Datum: _____

 **1** Markiere in den Nomen die Wortbausteine **-heit** und **-keit**.

Frech**heit**	Gesundheit	Ehrlichkeit	Schönheit
Wahrheit	Flüssigkeit	Gemeinheit	Höflichkeit
Schwierigkeit	Sicherheit	Dunkelheit	Einsamkeit

 **2** Schreibe die Nomen von **1** geordnet in dein Heft.
Markiere die Endungen **-heit** und **-keit**.

Nomen mit -heit: Frech**heit**, ...

Nomen mit -keit: Ehrlich**keit**, ...

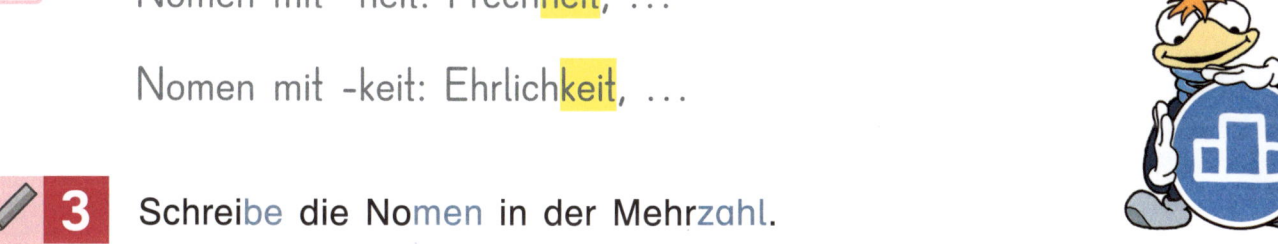

Achte auf die Endungen -heit und -keit.

 **3** Schreibe die Nomen in der Mehrzahl.
Markiere die Wortbausteine **-e, -s, -n, -er, -en** am Ende.

der Tisch – die _Tisch**e**_____

die Tür – die _____

die Oma – die _____

die Blume – die _____

das Kleid – die _____

das Boot – die _____

die Tafel – die _____

die Tante – die _____

das Kind – die _____

Denke an die Großschreibung der Nomen.

Nomen mit Wortbausteinen *-heit* und *-keit* wiederholen
Wortbausteine der Mehrzahlbildung wiederholen
Großschreibung der Nomen beachten

11

1

a) Unterstreiche die Nomen für Menschen, Tiere, Pflanzen und Dinge rot.

b) Unterstreiche die Nomen mit den Wortbausteinen **-heit** und **-keit** blau.

c) Markiere alle bestimmten und unbestimmten Artikel.

der Koffer	eine Gemeinheit	der Fuchs	die Kinder
die Freiheit	die Sicherheit	das Baby	eine Tomate
der Bäcker	die Fröhlichkeit	die Wale	der Stall
eine Torte	eine Flüssigkeit	ein Onkel	das Gras
die Tulpe	ein Kochbuch	die Melonen	der Hut

2 Lies. Markiere die Nomen in der Mehrzahl. Es sind 20.

Viele Menschen sammeln Dinge.

Kinder sammeln gern Steine, Tierfiguren,

Plüschtiere oder Sammelkarten.

Erwachsene sammeln oft Briefmarken,

Bücher, Zeitungen, Gläser oder auch

alte Comics. Meine Lehrerin sammelt Stifte,

Scheren, Magnete, Büroklammern und Notizzettel.

Ich sammle Muscheln von meinen Urlauben

am Strand.

3 Schreibe alle markierten Nomen von **2** in dein Heft.

Menschen, Dinge, Kinder, ...

Nomen und Artikel identifizieren
Nomen in der Mehrzahl im Text identifizieren

 **4** Schreibe die Nomen von **1** mit Artikel passend
zu den Merkmalen.

Mein Nomen hat einen unbestimmten Artikel und schmeckt süß.

Ich suche ein Nomen im Singular. Es hat einen bestimmten Artikel und ist ein Tier.

eine Torte
_____

_____

Mein Nomen ist im Plural. Es bezeichnet junge Menschen.

Mein Nomen hat einen unbestimmten Artikel. Es ist ein Mensch aus meiner Familie.

_____

_____

Mein Nomen ist im Singular. Es hat einen bestimmten Artikel und ist ein Beruf.

Ich suche ein Nomen im Singular. Es hat einen bestimmten Artikel und den Wortbaustein -keit am Ende.

_____

_____

 **5** Suche dir ein Partnerkind. Lies ihm die Sprechblasen
der Kinder und deine Lösungen von **4** vor.
Erkläre.

_____

Unterschrift Partnerkind

Pronomen kennenlernen

Einige Namen und Nomen kannst du ersetzen.

Esra hat einen neuen Ball.
Der Ball hat weiße Punkte.
Heute spielt Esra mit Ole.
Esra wirft Ole den Ball zu.
Ole fängt den Ball und lacht.

er
sie
ihm
ihn

 **1** Suche dir ein Partnerkind. Lest den Text.
Ersetzt dabei die blauen Wörter durch
die roten Wörter im Kasten.

_____
Unterschrift Partnerkind

 **2** Schreibe die Pronomen passend in die Sätze.

| ihn | ~~er~~ | sie | ihm |

Esra hat einen neuen Ball.

__Er__ hat weiße Punkte. Heute spielt Esra

mit Ole. _____ wirft _____ den Ball zu.

Ole fängt _____ und lacht.

> **Pronomen** sind Wörter, die Nomen und Eigennamen ersetzen:
> ich, mich, mir, du, dich, dir, er, ihm, ihn, sie, ihr,
> wir, uns, ihr, euch, sie, ihnen, sich
> **Paul** liest ein Buch. **Er** zeigt **es** seiner Schwester.
> **Sie** mag die Geschichte und **ihm** gefallen die Bilder.

Pronomen und ihre Funktion kennenlernen
Nomen und Namen durch Pronomen ersetzen

 **1** Schneide die blauen Karten aus.

 **2** Lies die Sprechblasen.
Lege die blauen Karten mit den Pronomen passend in die Sätze.

Gleich besuchen ☐ Oma und Opa. Kommst ☐ mit?

Dann komme ☐ auch mit.

Opa ist super, denn ☐ macht tolle Sachen mit uns. Und Oma ist toll, denn ☐ erzählt die besten Geschichten.

er

ich

wir

du

sie

 **3** Schreibe mit den Pronomen 5 eigene Sätze in dein Heft.

Datum: _____

1 Lies die Sprechblasen.
Lege die grünen Karten mit den Pronomen in die Sätze.

ich
du
es
ihr
sie

Das Geschenk fehlt noch.

Holst [   ] es bitte?

Für Oma und Opa

habe [   ] noch

Blumen. Darüber

werden [   ]

sich freuen.

Nun müsst [   ]

euch anschnallen.

Dann geht [   ] los.

2 Schreibe mit den Pronomen auf den grünen Karten
5 eigene Sätze in dein Heft.

Ideen zum Einsatz des Tablets,
siehe Handreichung, Kap. 1.3

Handlungsorientiert Pronomen passend in Sätzen ergänzen
Selbstständig Sätze mit Pronomen bilden

1 Lies die Wörter. Markiere alle Pronomen. Es sind 9.

der	<mark>du</mark>	wir	ein	mich
klein	ich	er	die	ihr
sie	das	ihn	es	groß

2 Lies den Text. Markiere alle Pronomen. Es sind 6.

Mira und Finn planen eine Radtour. <mark>Sie</mark> besprechen, wohin sie fahren wollen. Finn möchte zu einer Burg. Er liebt Gruselgeschichten. Mira möchte lieber an einen See. Sie schwimmt gern. Zusammen finden sie eine gute Lösung. Zuerst fahren sie zu einer Burg und danach zum See.

3 Lies die Sätze. Setze die Pronomen passend ein. Schreibe.

sie	ihre	~~seine~~	ihre	ich	er

Efe macht <u>seine</u> Hausaufgaben. _____ braucht Hilfe.

Sofia macht auch _____ Hausaufgaben.

_____ arbeitet schnell. Mia und Eymen

machen _____ Hausaufgaben zusammen.

Und _____ bin schon fertig.

Achte auf die Satzanfänge!

Pronomen identifizieren und markieren
Pronomen in Sätze einfügen
Die Großschreibung am Satzanfang beachten

17

1 Schreibe die Pronomen **mir**, **mich**, **dir**, **dich** in die Sätze.

Ich hole ___dich___ mit dem Roller ab.

Du kämmst _____ die Haare.

Es tut _____ leid.

Ich male _____ ein schönes Bild.

Lädst du _____ zu deinem Geburtstag ein?

2 Lies die Sätze. Schreibe das passende Pronomen in die Sätze.

ich ~~ich~~ mir

Jule sagt: „___Ich___ möchte einen Hund. Oma

hat _____ einen Plüschhund geschenkt."

du dir

Oma meint: „Noch schenke

ich _____ keinen echten Hund.

_____ bist noch zu jung."

Am Satzanfang schreibst du groß.

ihn er

Jule sagt: „Mein Plüschhund heißt

Kalle. _____ ist mein bester Freund.

Ich mag _____ so gern."

wir uns

Papa meint: „_____ finden bestimmt

eine Lösung für _____ ."

Pronomen identifizieren
Pronomen passend in Sätze einfügen

 **1** Lies den Brief. Schreibe passende Pronomen.

| ~~ich~~ | mich | er | ich | dich | du | dir | wir | dir |

Liebe Oma,

ich freue _____ schon sehr auf die Ferien.

Dann komme _____ _____ wieder besuchen.

Gestern wollte ich mit _____ telefonieren, doch _____

warst nicht zu Hause. Papa sagt, dass _____ mich

zu _____ bringt. _____ freuen uns schon sehr auf

deinen leckeren Kuchen.

Viele liebe Grüße

Fatma

> Denke an die Satzanfänge.

 **2** Lies die E-Mail. Schreibe passende Pronomen.

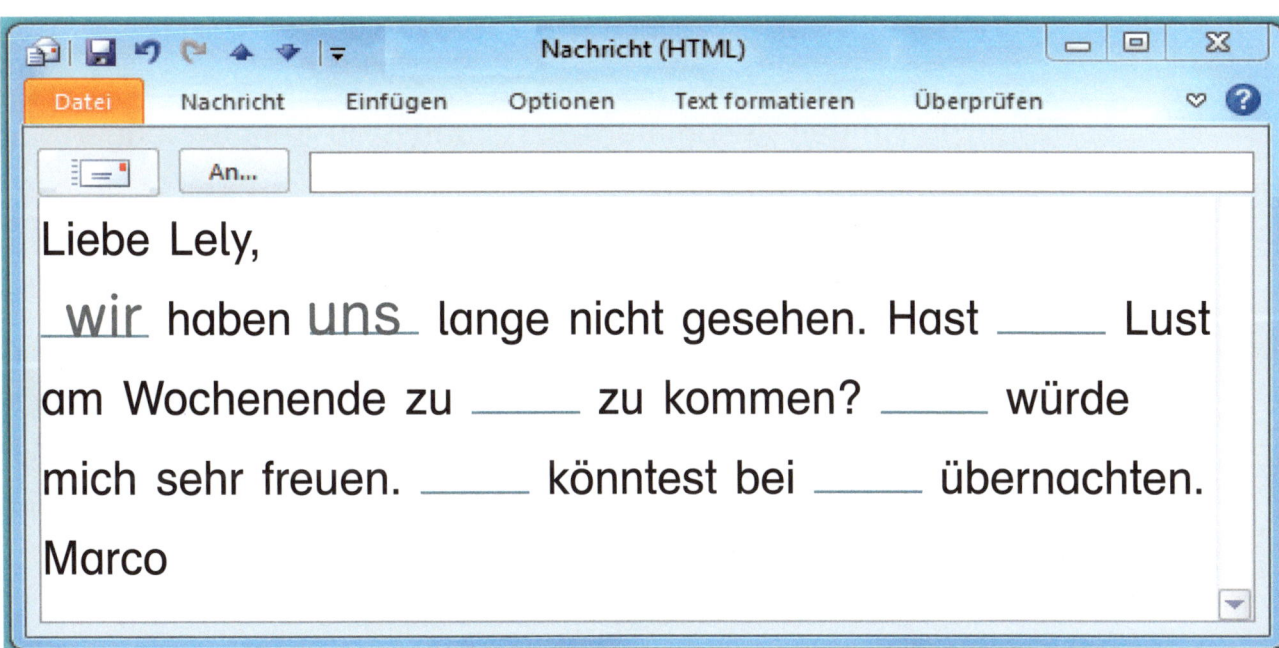

Liebe Lely,

wir haben _uns_ lange nicht gesehen. Hast _____ Lust

am Wochenende zu _____ zu kommen? _____ würde

mich sehr freuen. _____ könntest bei _____ übernachten.

Marco

Pronomen in einem Brief nutzen
Selbstständig Pronomen in einer E-Mail schreiben
Großschreibung der Satzanfänge beachten

19

Zusammengesetzte Wörter untersuchen

 **1** Sprich mit einem Partnerkind. Was meint Flora?

_____

Unterschrift Partnerkind

 **2** Finde das zusammengesetzte Wort. Verbinde.

ein Haus im Baum	Apfelkuchen
ein Kuchen mit Apfel	Baumhaus
schnell wie der Blitz	blitzschnell

Wenn du Nomen zusammensetzt, kannst du genauer sagen,
was du meinst:

Baum + Haus → Baumhaus

Apfel + Kuchen → Apfelkuchen

Das hintere Nomen bestimmt den Artikel:

der Baum + **das** Haus → **das** Baumhaus

Auch mit Adjektiven kannst du zusammengesetzte Wörter bilden:

Blitz + **schnell** → blitz**schnell**

Manchmal musst du Buchstaben weglassen oder ergänzen:

Sonne + gelb → sonnengelb

Ideen zum Einsatz des Tablets,
siehe Handreichung, Kap. 1.3

Zusammengesetzte Wörter als Sprachmittel kennenlernen
Zusammengesetzte Wörter passend zuordnen

Zusammengesetzte Nomen bilden

Datum: _____

1 Bilde aus den Nomen zusammengesetzte Nomen. Schreibe. Markiere den bestimmten Artikel.

Der bestimmte Artikel richtet sich nach dem hinteren Wort.

die Hand + das Tuch ➡ <mark>das</mark> Handtuch

der Kuchen + die Gabel ➡ _____

die Kartoffel + der Salat ➡ _____

das Telefon + das Buch ➡ _____

die Tür + der Griff ➡ _____

der Apfel + der Kuchen ➡ _____

2 Bilde mit den Nomen und den Adjektiven zusammengesetzte Nomen. Schreibe. Markiere den Großbuchstaben.

ein <u>Bär</u>, der <u>braun</u> ist   ein <mark>B</mark>raunbär

eine <u>Stadt</u>, die <u>groß</u> ist   _____

ein <u>Haus</u>, das <u>hoch</u> ist   _____

ein <u>Tier</u>, das <u>faul</u> ist   _____

ein <u>Boot</u>, das <u>schnell</u> ist   _____

3 Suche dir ein Partnerkind. Erkläre, wie sich die Wörter zusammensetzen: **Buntstift, Kühlschrank, Altpapier**

_____

Unterschrift Partnerkind

Zusammengesetzte Adjektive bilden

1 Bilde aus Nomen und Adjektiv ein zusammengesetztes Adjektiv. Schreibe.

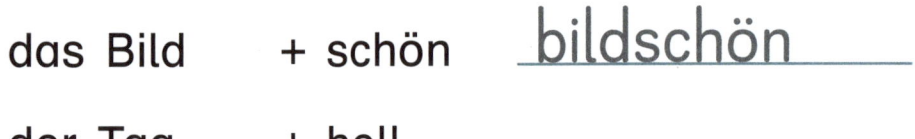

Zusammengesetzte Adjektive schreibst du klein: bildschön.

das Bild	+ schön	_bildschön_
der Tag	+ hell	_____
der Blitz	+ schnell	_____
die Butter	+ weich	_____
der Himmel	+ blau	_____
der Nagel	+ neu	_____
der Zucker	+ süß	_____

2 Bilde aus den Adjektiven ein zusammengesetztes Adjektiv. Verbinde.

dunkel	lau	hell	tief

warm	blau	traurig	blond

3 Lies die zusammengesetzten Adjektive von **1** und **2** einem Partnerkind vor.

_____

Unterschrift Partnerkind

4 Schreibe deine zusammengesetzten Adjektive von **2** in dein Heft: dunkelblau, …

Zusammengesetzte Adjektive aus Nomen und Adjektiv bilden
Zusammengesetzte Adjektive aus Adjektiven bilden

Datum: _____

 **1** Schneide die grünen Karten an den gestrichelten Linien aus.

 **2** Lies die Nomen auf den Karten. Setze die Nomen passend zusammen.

 **3** Suche dir ein Partnerkind und spielt Domino. Verteilt die Karten. Die 🐭-Karte beginnt.

_____
Unterschrift Partnerkind

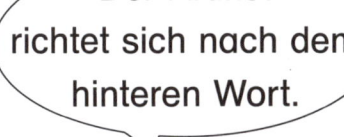
Der Artikel richtet sich nach dem hinteren Wort.

 **4** Schreibe deine zusammengesetzten Nomen mit Artikel.

die Wasserrutsche

_____

_____

_____

_____

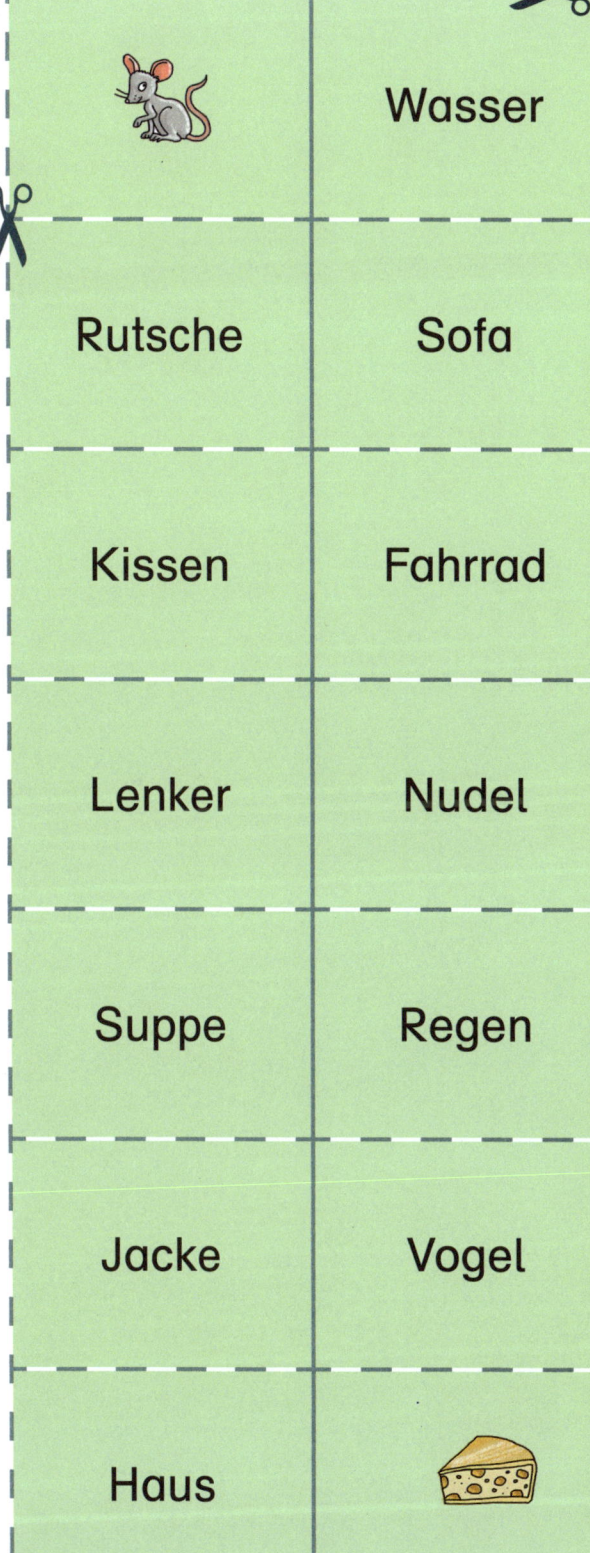

	Wasser
Rutsche	Sofa
Kissen	Fahrrad
Lenker	Nudel
Suppe	Regen
Jacke	Vogel
Haus	

Handelnd Wörter zusammensetzen 2

Datum: _____

START	
leicht	
grün	
hart	
kalt	
neu	
weiß	ENDE

1 Lies die Wörter auf den blauen Karten. Ordne den Bildern ein passendes Adjektiv zu. Setze zusammen.

2 Suche dir ein Partnerkind und spielt Domino. Verteilt die blauen Karten.

3 Lies dem Partnerkind deine zusammengesetzten Wörter vor.

_____

Unterschrift Partnerkind

Zusammengesetzte Adjektive schreibst du klein.

4 Schreibe die zusammengesetzten Adjektive.

federleicht _____

_____

_____

_____

_____

Handlungsorientiert zusammengesetzte Adjektive bilden
Zusammengesetzte Adjektive schreiben

Mit zusammengesetzten Wörtern arbeiten

1 Verbinde ein Nomen mit einem passenden Adjektiv.
Schreibe die zusammengesetzten Adjektive.

Zusammengesetzte Adjektive schreibst du klein: nagelneu.

Nagel	hart
Feder	leicht
Stein	neu
Spiegel	süß
Zucker	glatt
Eis	kalt

nagelneu

_____

_____

_____

_____

_____

2 Lies. Schreibe zusammengesetzte Adjektive von **1** passend in den Text.

Ella setzte sich auf ihr Fahrrad.

Es war _nagelneu_____. Sie frierte,

denn es schneite und es war _____.

Die Straße war plötzlich _____ .

Zu Hause trank sie einen heißen Kakao.

Er schmeckte _____.

3 Lies den Text von **2** einem Partnerkind vor.

_____

Unterschrift Partnerkind

Meine Mütze ist weg __.__

So ein Mist ____

Schau genau ____

Liegt sie im Flur ____

Wo kann sie denn sein ____

Such sie doch ____

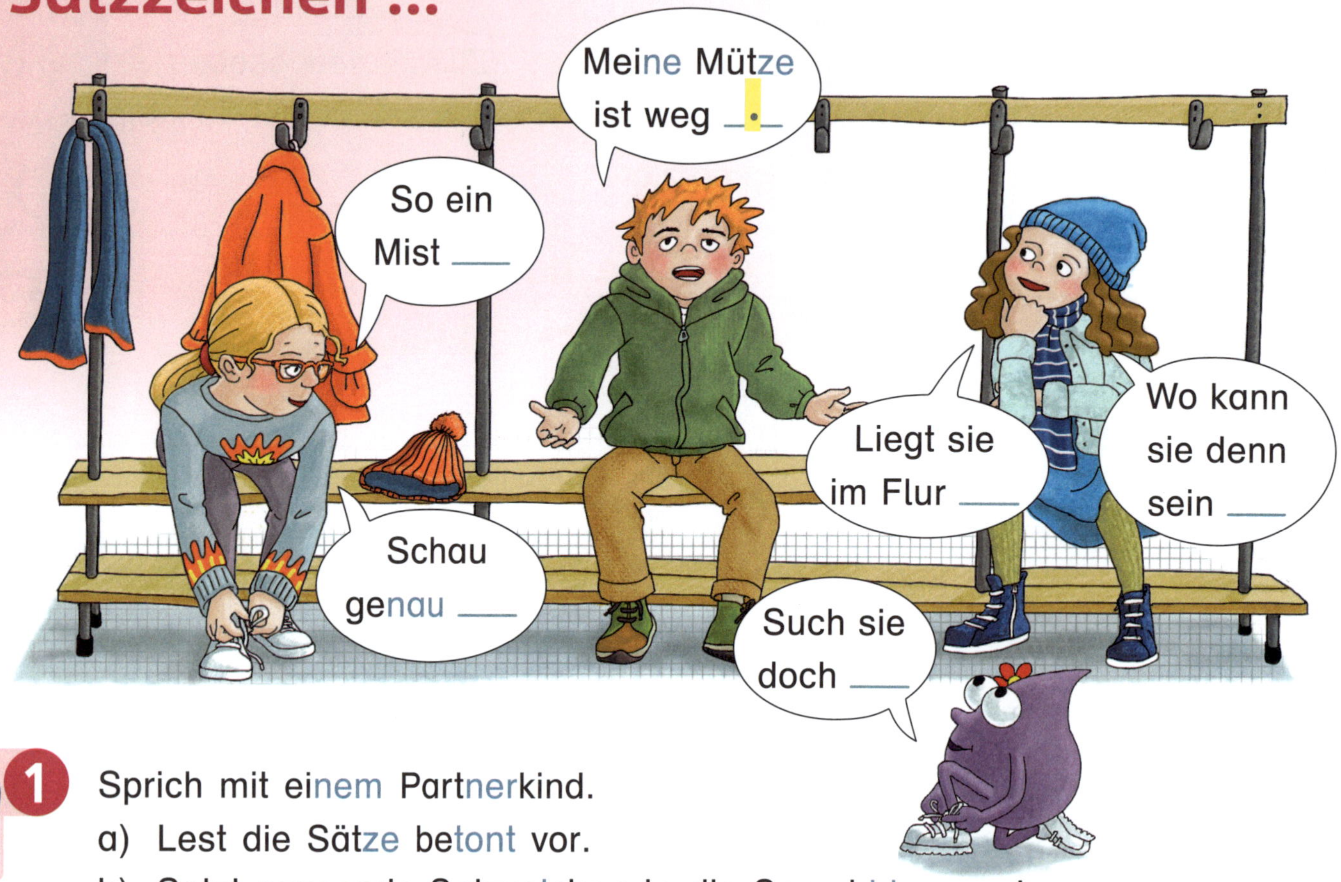

1 Sprich mit einem Partnerkind.

a) Lest die Sätze betont vor.

b) Setzt passende Satzzeichen in die Sprechblasen ein.

_____
Unterschrift Partnerkind

Am Ende von Sätzen müssen **Satzzeichen** stehen:

. **Punkt**   Aussagesatz: Jemand erzählt etwas.
? **Fragezeichen**   Fragesatz: Jemand fragt etwas.
! **Ausrufezeichen** Ausrufesatz: Jemand ruft etwas aus.
                    Aufforderungssatz: Jemand fordert jemanden auf.

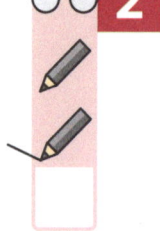

2 Lies und setze . ? ! ein. Verbinde mit der passenden Satzart.

Meine Mütze ist weg __.__		Ausrufesatz
So ist Mist ____		Aussagesatz
Wo kann sie denn sein ____		Fragesatz

Datum: _____

Mats sagt: „Meine Mütze ist weg."

„Meine Mütze ist weg", sagt Mats.

Elif fragt: „Wo kann sie denn sein?"

„Wo kann sie denn sein?", fragt Elif.

Der Begleitsatz kann an verschiedenen Stellen stehen.

 **3** Markiere oben im Bild
alle Satzzeichen : , . ? ! und Redezeichen „ " .

 **4** Lies den Text von oben mit einem Partnerkind.
Sprecht über die Unterschiede.

_____
Unterschrift Partnerkind

Der Begleitsatz sagt dir, wer etwas sagt, fragt oder ruft.
Was gesprochen wird, heißt wörtliche Rede.
Steht der **Begleitsatz vor der wörtlichen Rede**,
setzt du einen Doppelpunkt : .
Steht der **Begleitsatz nach der wörtlichen Rede**,
setzt du ein Komma , . Bei einem Aussagesatz in der wörtlichen
Rede fällt der Punkt weg: „Meine Mütze ist weg", sagt Mats.

 **5** Schreibe : , . ? ! und „ " .
Unterstreiche die Begleitsätze blau und die wörtliche Rede rot.

Mats ruft : „ So ein Mist ! "

„ So ein Mist , ruft Mats.

Elif fragt Liegt sie im Flur

Liegt sie im Flur fragt Elif.

Satzarten erkennen ...

1 Lies die Sätze und markiere die Satzzeichen.
Verbinde mit der passenden Satzart.

Maja sagt: „Bald sind Ferien."	Fragesatz
Lio fragt: „Was habt ihr vor?"	Aussagesatz
Maja antwortet: „Wir fahren weg."	Aussagesatz
„Fahrt ihr ans Meer?", fragt Lio.	Ausrufesatz
Maja ruft: „Ja klar!"	Ausrufesatz
„Ich will mit!", bettelt Lio.	Fragesatz
Maja scherzt: „Komm mit!"	Ausrufesatz
Lio ruft: „Juhuuu!"	Ausrufesatz
Maja fragt: „Was macht ihr?"	Aussagesatz
Lio antwortet: „Ich fahre zu Opa."	Fragesatz

Der Doppelpunkt und das Komma gehören jeweils zum Begleitsatz.

2 Unterstreiche in **1** die
Begleitsätze blau und die wörtliche Rede rot.

3 Schreibe den Text aus **1** ins Heft.
Markiere : , . ? ! und „ ".

▶ Erklärvideo *Satzarten und Satzschlusszeichen kennenlernen – mit Test,* siehe
Handreichungen, Kap. 1.1.4

Satzschlusszeichen markieren und Sätze Satzarten zuordnen
Begleitsätze und wörtliche Reden erkennen
Redezeichen und Satzzeichen identifizieren

Datum: _____

4 Lies. Setze Fragewörter und Satzzeichen in die Sätze.

| Wann | Wo | Wer | Was | Wann |

__Wann__ gehen wir ins Kino _?_

_____ machst du heute Nachmittag ____

_____ habe ich die Brille hingelegt ____

_____ holt Juri vom Sport ab ____

_____ kommt meine Oma heute ____

5 Lies die Aussagesätze. Schreibe passende Aufforderungen und setze Satzzeichen.

> Hier schreibst du Aufforderungssätze.

Sie holt das Buch für mich.

Hol __das Buch für mich__ __!__

Du kommst in die Küche.

Komm _____ __

Er macht das Fenster zu.

Mach _____ __

Sie lassen die Ballons nicht los.

Lasst _____ __

6 Schreibe die Aufforderungssätze von **5** in dein Heft.

Fragen mit Fragewörtern bilden
Aufforderungssätze formulieren
Aufforderungssätze identifizieren und abschreiben

29

1 Lies. Unterstreiche die Begleitsätze blau und die wörtliche Rede rot.

Maja fragt: „Hast du ein Lieblingstier?"

„Ich mag Hunde", antwortet Zen.

„Ja, Hunde mag ich auch am liebsten!", ruft Maja.

Zen meint: „Aber Katzen mag ich auch."

2 Lies die Sätze. Setze Satzzeichen und Redezeichen.

„ Wie läuft es in der Schule ☐ " ☐ , fragt Oma ☐

☐ Meistens ist es ganz gut ☐ ☐ ☐ antwortet Kolja ☐

Oma fragt ☐ ☐ Was ist dein Lieblingsfach ☐ ☐

☐ Sport ☐ ☐ ☐ ruft Kolja ☐

Oma meint ☐ ☐ Das kann ich gut verstehen ☐ ☐

Sie fragt ☐ ☐ Magst du den Musikunterricht ☐ ☐

Kolja antwortet ☐ ☐ Ich singe gern ☐ ☐

3 Unterstreiche in **2** die Begleitsätze blau
und die wörtliche Rede rot.

4 Schreibe das Gespräch von **2** in dein Heft.
Markiere den Doppelpunkt : , das Komma ,,
die Redezeichen „ " und die Satzzeichen . ? !.

Wörtliche Rede und Begleitsätze erkennen
Satzzeichen bei nachgestellten Redebegleitsätzen einfügen
Redezeichen und Satzzeichen in einem Text setzen

5 Lies. Setze die Satzzeichen.

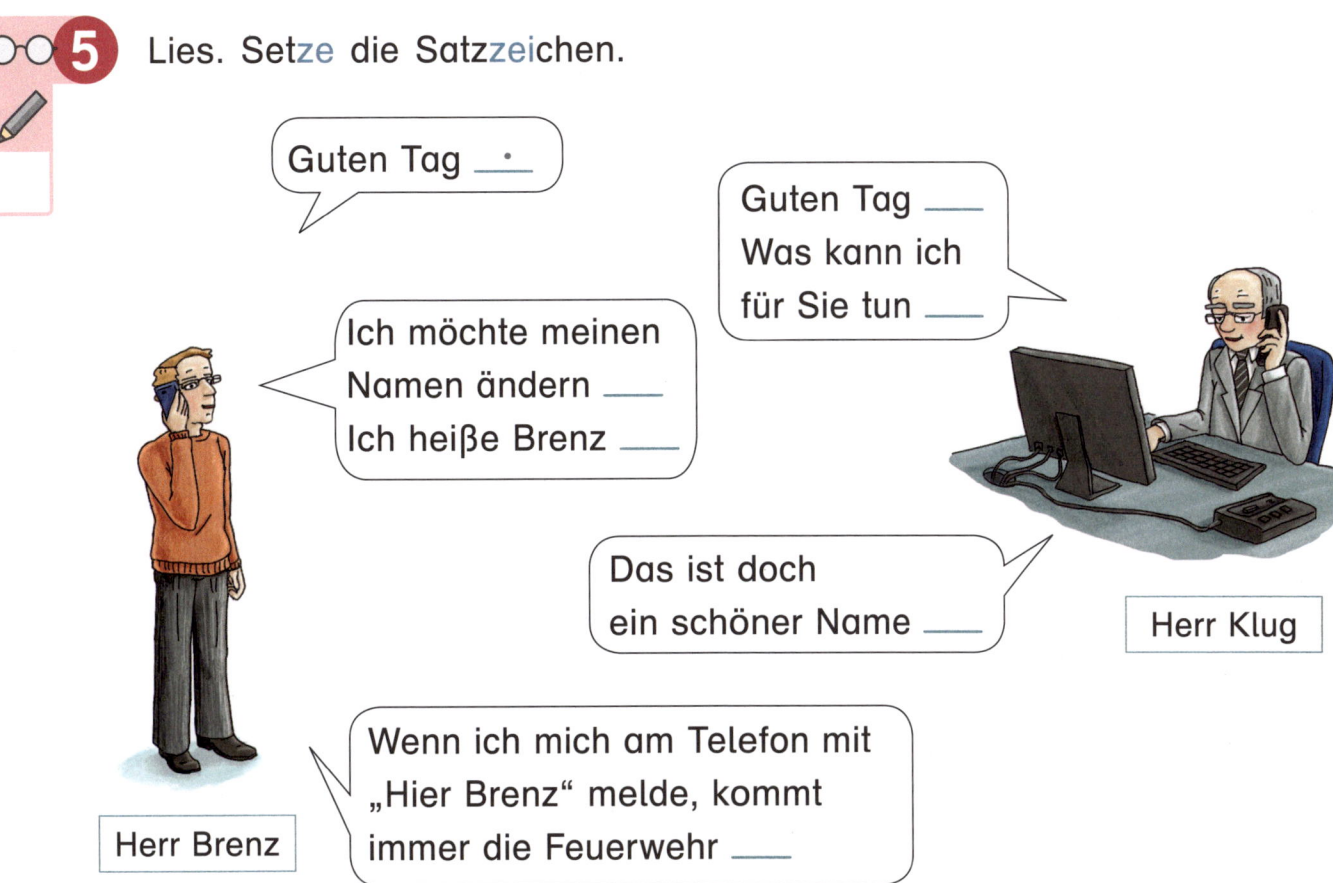

Guten Tag __.__

Guten Tag ____
Was kann ich
für Sie tun ____

Ich möchte meinen
Namen ändern ____
Ich heiße Brenz ____

Das ist doch
ein schöner Name ____

Herr Klug

Wenn ich mich am Telefon mit
„Hier Brenz" melde, kommt
immer die Feuerwehr ____

Herr Brenz

 **6** Schreibe mit Satzzeichen und Redezeichen.

Herr Brenz sagt: „Guten Tag."

„Guten Tag. Was kann ich für Sie tun?", fragt Herr Klug.

Herr Brenz antwortet ☐ ☐ „ Ich _____

_____ ☐ ☐

Herr Klug ruft laut ☐ ☐ _____

_____ ☐ ☐

☐ _____

_____

_____ ☐ ☐ ☐ sagt Herr Brenz ☐

Nomen in den vier Fällen ...

Jede Frage hat eine Antwort.

Ich erkenne sie an der passenden Farbe.

> **Wer oder was** hat sich verletzt?
> Der Kater hat sich verletzt.
> **Wessen** Pfote ist verbunden?
> Die Pfote des Katers ist verbunden.
> **Wem** geben wir Futter?
> Wir geben dem Kater Futter.
> **Wen oder was** streicheln alle?
> Alle streicheln den Kater.

1 Lest die Fragen und die Antworten.
Sprich mit einem Partnerkind.
Was meinen Flex und Flora?

_____
Unterschrift Partnerkind

Nomen können in Sätzen in vier Fällen stehen.
Die Artikel verändern sich dann.
Wenn du **Wer oder was** ...? fragen kannst,
ist es der **Nominativ**: **der** Kater.
Wenn du **Wessen** ...? fragen kannst, ist es der **Genitiv**: **des** Katers.
Wenn du **Wem**? fragen kannst, ist es der Dativ: **dem** Kater.
Wenn du mit **Wen oder was**? fragen kannst,
ist es der Akkusativ: **den** Kater.

2 Lies. Zu welcher Frage gehört welche Antwort? Male passend an.

Wer oder was hat sich verletzt?	**den** Kater
Wen oder was streicheln alle?	**der** Kater
Wessen Pfote ist verbunden?	**dem** Kater
Wem geben wir Futter?	**des** Katers

Ideen zum Einsatz des Tablets, siehe Handreichung, Kap. 1.3   Erklärvideo *Die vier Fälle kennenlernen,* siehe Handreichungen, Kap. 1.1.4   Nomen in den vier Fällen kennenlernen
Passende Antworten zu den Fragesätzen anmalen

3 Lies die Fragen. Schreibe das Nomen mit dem passenden Artikel. Unterstreiche passend.

~~der Junge~~   den Jungen   dem Jungen   des Jungen

Wer oder was ist traurig?   <u>der Junge</u> _____

Wen oder was tröstet Karol? _____

Wessen Jacke ist zerrissen? _____

Wem hilft die Lehrerin? _____

4 Suche dir ein Partnerkind. Lest die Fragen und Antworten. Findet das passende Nomen mit Artikel. Markiert.

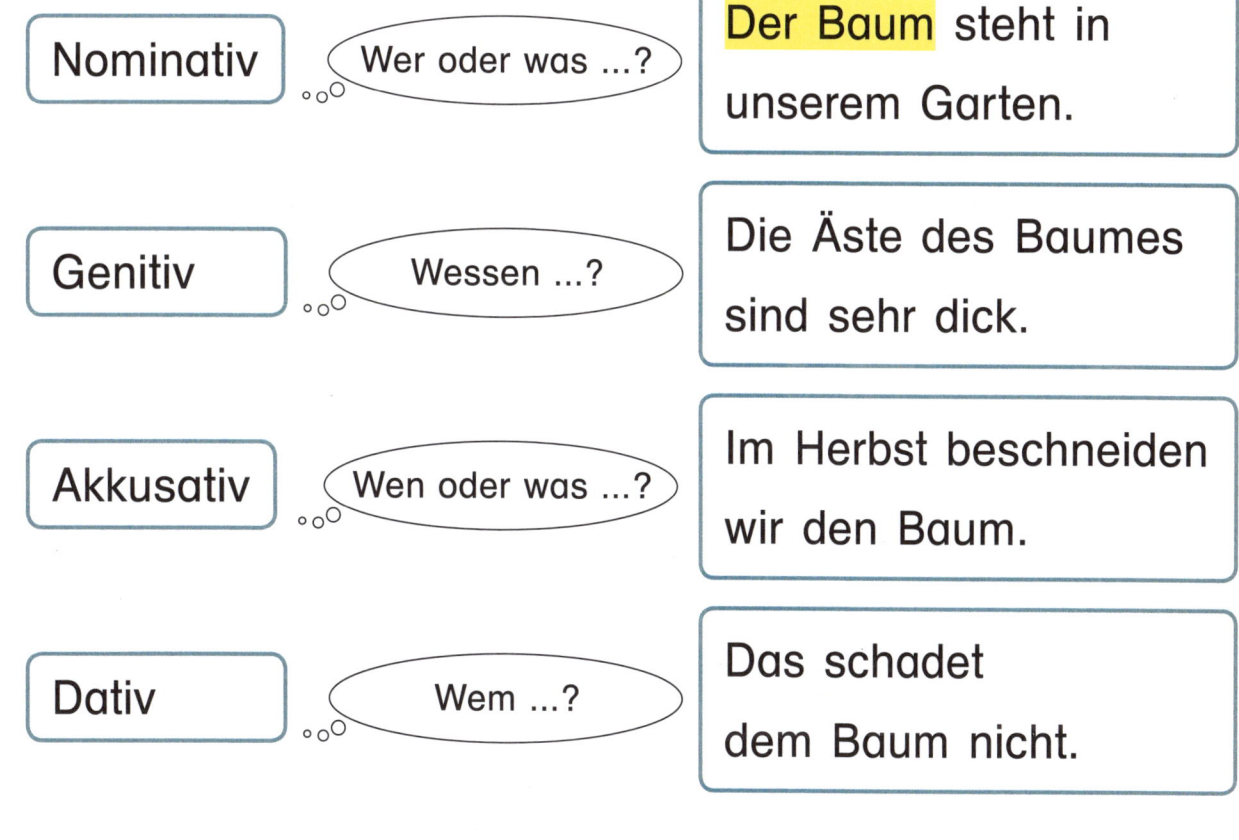

Nominativ	Wer oder was ...?	Der Baum steht in unserem Garten.
Genitiv	Wessen ...?	Die Äste des Baumes sind sehr dick.
Akkusativ	Wen oder was ...?	Im Herbst beschneiden wir den Baum.
Dativ	Wem ...?	Das schadet dem Baum nicht.

_____

Unterschrift Partnerkind

Datum: _____

1 Lies die Fragen und die Sätze. Unterstreiche das passende Nomen mit Artikel im <u>Nominativ blau</u>.

Wer oder was hat einen Hund?

<u>Der Mann</u> hat einen Hund.

Wer oder was schreit laut?

Das Kind schreit laut.

Wer oder was miaut leise?

Die Katze miaut leise.

Wer oder was fährt schnell?

Das Auto fährt schnell.

2 Lies die Fragen. Schreibe das passende Nomen im Nominativ in den Satz. <u>Unterstreiche blau</u>.

die Apfelsine   ~~das Eichhörnchen~~   das Hühnerei

Wer oder was lebt im Wald?

<u>Das Eichhörnchen</u> lebt im Wald.

Wer oder was liegt im Hühnerstall?

_____ liegt im Hühnerstall.

Wer oder was ist orange?

_____ ist orange.

Nomen im Nominativ im Satz identifizieren und passend unterstreichen
Nomen im Nominativ passend einsetzen und unterstreichen

Datum: _____

1 Lies die Fragen und die Sätze. Unterstreiche das passende Nomen mit Artikel im Genitiv rot.

Wessen Schnuller ist weg?

Der Schnuller **des Babys** ist weg.

Wessen Beine sind kurz?

Die Beine des Maulwurfs sind kurz.

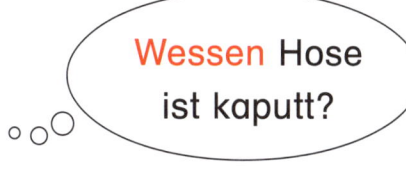

Wessen Hose ist kaputt?

Die Hose des Mädchens ist kaputt.

Wessen Brille ist blau?

Die Brille der Frau ist blau.

2 Lies die Fragen. Schreibe das passende Nomen im Genitiv in den Satz. Unterstreiche rot.

| des Hundes | der Giraffe | der Blaumeise |

Wessen Pfote ist verheilt?

Die Pfote __des Hundes__ ist verheilt.

Wessen Nest ist weich?

Das Nest _____ ist weich.

Wessen Hals ist lang?

Der Hals _____ ist lang.

Nomen im Genitiv im Satz identifizieren und passend unterstreichen
Nomen im Genitiv passend einsetzen und unterstreichen

35

Nomen im Dativ kennenlernen

1 Lies die Fragen und die Sätze. Unterstreiche das passende Nomen mit Artikel im Dativ gelb.

> Wem gebe ich Futter?

Ich gebe <u>dem Hund</u> Futter.

> Wem hilft Tim?

Tim hilft der Lehrerin.

> Wem folgt der Detektiv?

Der Detektiv folgt dem Auto.

> Wem gehört die Pfeife?

Die Pfeife gehört dem Trainer.

2 Lies die Fragen. Schreibe das passende Nomen im Dativ in den Satz. Unterstreiche gelb.

~~dem König~~   der Schildkröte   dem Klassenlehrer

Wem gehört das Schloss?

Das Schloss gehört __dem König__ .

Wem schreibt der Klassensprecher?

Der Klassensprecher schreibt _____ .

Wem gehört das Futter?

_____ gehört das Futter.

Nomen im Dativ im Satz identifizieren und passend unterstreichen
Nomen im Dativ passend einsetzen und unterstreichen

1 Lies die Fragen und die Sätze. Unterstreiche das passende Nomen mit Artikel im <u>Akkusativ grün</u>.

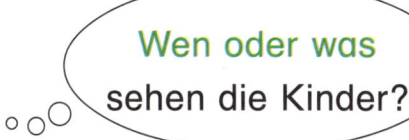
Wen oder was sehen die Kinder?

Die Kinder sehen <u>den Hund</u>.

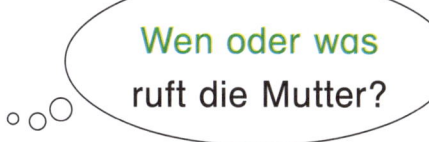
Wen oder was ruft die Mutter?

Die Mutter ruft das Kind.

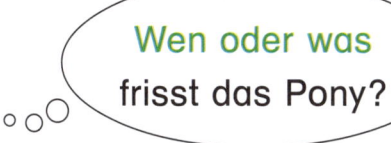
Wen oder was frisst das Pony?

Das Pony frisst die Karotte.

Wen oder was putzt Ben?

Ben putzt das Fahrrad.

2 Lies die Fragen. Schreibe das passende Nomen im Akkusativ in den Satz. <u>Unterstreiche grün</u>.

| ~~das Motorrad~~   den Zitronenkuchen   den Papagei |

Wen oder was wäscht der Großvater?

Der Großvater wäscht <u>das Motorrad</u>.

Wen oder was füttert Sina?

Sina füttert _____.

Wen oder was isst der Junge?

Der Junge isst _____.

Nomen im Akkusativ im Satz identifizieren und passend unterstreichen
Nomen im Akkusativ passend einsetzen und unterstreichen

37

Datum: _____

1 Sprich mit einem Partnerkind.
Wie können die Sätze oben im Bild verbunden werden?
Bildet Sätze.

_____

Unterschrift Partnerkind

Du kannst Sätze mit Bindewörtern verbinden.
Bindewörter sind: **denn**, **aber**, ...
Vor diesen Wörtern setzt du ein Komma.
Adrian putzt die Zähne, **denn** er geht gleich ins Bett.

2 Lies. Markiere die Bindewörter und die Kommas in den Sätzen.

Die Kinder der Klasse 4c sind traurig, denn sie haben

heute keinen Sport. Der Sportunterricht muss leider

ausfallen, denn ihre Lehrerin ist krank. Die Kinder

ärgern sich, aber dann gehen sie auf den Spielplatz.

Dort haben sie Spaß, denn Zusammenspielen ist toll.

 **3** Sprich mit einem Partnerkind.
Wie können die Sätze oben verbunden werden?
Bildet Sätze.

_____
Unterschrift Partnerkind

Wenn du Sätze mit den Bindewörtern **weil** und **bevor** verbindest,
musst du das Verb an das Satzende stellen.
Adrian putzt die Zähne. Er **geht** gleich ins Bett.
Adrian putzt die Zähne, **weil** er gleich ins Bett **geht**.

 **4** Lies. Markiere die Bindewörter und die Kommas in den Sätzen.

Dilara macht noch schnell ihre Hausaufgaben, bevor

der Unterricht anfängt. Toni kommt zu spät, weil er

verschlafen hat. Ella und Serap spielen mit Karten,

bevor der Lehrer ins Klassenzimmer kommt. Maris lernt

noch das Gedicht, weil er es heute aufsagen möchte.

Kommas vor Bindewörtern setzen

1 a) Lies den Text mit einem Partnerkind.
b) Markiere die Bindewörter und die Kommas in den Sätzen.

_____
Unterschrift Partnerkind

Jona ist wütend**, denn** seine Mannschaft hat das Spiel verloren. Der Ball war außerhalb des Spielfeldes gewesen, aber der Schiedsrichter hat nicht abgepfiffen. Das war nicht gerecht, weil sein Team dadurch eine Torchance weniger hatte. Jona rennt noch eine Runde um den Platz, bevor er nach Hause fährt. Nun freut er sich auf Papas Pizza, denn die ist so lecker.

2 Lies. Markiere die Bindewörter in den Sätzen.
Setze Kommas und markiere.

Karim kann nicht laufen**, denn** sein Fuß ist verstaucht. Er ist traurig weil er nicht mehr turnen kann. Karim besucht die Meisterschaft aber er schaut nur zu. Er muss eine Pause machen bevor er wieder turnen darf.

3 Schreibe 3 eigene Sätze mit **weil** oder **denn** in dein Heft.

In einem Text Bindewörter und Kommas markieren
Komma vor Bindewörter setzen
Eigene Sätze mit *weil* oder *denn* bilden

Bindewörter nutzen

1 Lies. Ergänze ein passendes Bindewort in dem Satz. Setze ein Komma und markiere.

| ~~weil~~ | aber | denn | bevor | denn |

Emma kann gut lesen, __weil__ sie viel geübt hat.

Heute nimmt sie sich ein Buch _____ es regnet.

Sie sucht ihr Lesezeichen _____ es ist weg.

Emma schaut überall _____ sie es wiederfindet.

Nun möchte sie nicht mehr lesen _____ die Sonne

scheint und sie möchte klettern.

2 Verbinde die Sätze mit den Bindewörtern. Schreibe sinnvolle Sätze in dein Heft.

> Manchmal musst du die Wörter im Satz umstellen.

Selina fährt in die Stadt.	denn	Sie will Oma treffen.
Papa kauft ein.	bevor	Er will Kuchen backen.
Mama mäht den Rasen.	weil	Sie isst den Kuchen.

Die Zeitform Perfekt kennenlernen

Wir **haben** gestern echt gut **gespielt**!

Wir **sind** auch richtig motiviert aus der Kabine **gekommen**.

Die beiden sprechen anders über das gestrige Spiel.

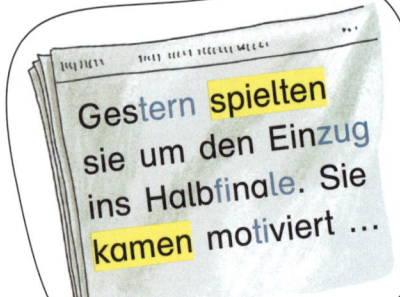

Gestern **spielten** sie um den Einzug ins Halbfinale. Sie **kamen** motiviert …

1 Sprich mit einem Partnerkind.
Schaut euch die Verbformen an.
Was fällt euch auf?

_____
Unterschrift Partnerkind

> Wenn etwas früher passierte und du darüber schreibst,
> verwendest du Verben im **Präteritum**: sie **spielten**, sie **kamen**.
> Wenn etwas früher passierte und du darüber sprichst, verwendest
> du Verben im **Perfekt**. Du bildest das Perfekt mit einer Personalform
> von **haben** oder **sein** und einem anderen Verb, meistens mit dem
> Wortbaustein **ge-**: sie **haben gespielt**, sie **sind gekommen**.

2 Lies. Markiere die Verben im Perfekt.

Wir **sind** zum ersten Mal bei einem Halbfinale **gewesen**.

Zum Stadion sind wir mit dem Fanbus gefahren.

Alle haben Schals oder Trikots getragen.

Wir haben uns total auf das Spiel gefreut.

Im Stadion haben wir unsere Mannschaft angefeuert.

Die Zeitform Perfekt in Abgrenzung zum Präteritum kennenlernen
Im Text Verben im Perfekt identifizieren

 **1** Schreibe die Verben **suchen** und **wandern**
im Perfekt passend zu den Pronomen.

> Das Perfekt hat meistens den Wortbaustein **ge-**.

haben + suchen

ich __habe ge__sucht _____

du _____

er/sie/es _____

wir _____

ihr _____

sie _____

| ich habe |
| du hast |
| er/sie/es hat |
| wir haben |
| ihr habt |
| sie haben |

sein + wandern

ich __bin ge__wandert _____

du _____

er/sie/es _____

wir _____

ihr _____

sie _____

| ich bin |
| du bist |
| er/sie/es ist |
| wir sind |
| ihr seid |
| sie sind |

 **2** Markiere in **1** die Formen von **haben** und **sein**
und den Wortbaustein **ge-**.

 **3** Bilde mit einem Partnerkind die Verben **lesen** und **klettern**
im Perfekt zu allen Pronomen.

_____

Unterschrift Partnerkind

Verben im Perfekt bilden ...

 **1** Schreibe die Verben im Perfekt passend zu den Pronomen.

haben + malen	sein + laufen

ich <u>habe gemalt</u>   ich <u>bin gelaufen</u>

du _____   du _____

er _____   er _____

wir _____   wir _____

ihr _____   ihr _____

sie _____   sie _____

 **2** Markiere in **1** die Formen von **haben** und **sein**
und den Wortbaustein **ge-**.

Das Perfekt
von Verben der
Bewegung wird häufig
mit **sein** gebildet:
ich **bin** gesprungen.

 **3** Schreibe die Verben im Perfekt
passend zu den Pronomen.

springen	ich <u>bin gesprungen</u>
	du _____

kommen	ihr _____
	sie _____

wandern	ihr _____
	wir _____

Zu Pronomen Verben im Perfekt bilden
Hilfsverb und Wortbaustein *ge-* nutzen

4 Lies. Setze die Verben mit **ge-** in die Sätze ein.

> gelaufen   gelesen   gewandert   ~~gegessen~~

Vorhin habe ich mein Pausenbrot ___gegessen___ .

Letzte Woche habe ich eine Geschichte _____ .

In der Pause sind wir um die Wette _____ .

Gestern sind wir auf den Berg _____ .

5 Setze die Verben im Perfekt in die Sätze ein.

Wir __haben__ einen Baum __gepflanzt__ . | pflanzen |

Papa _____ ein Loch _____ . | graben |

Mama _____ Wasser _____ . | holen |

Dann _____ Oma zu uns _____ . | kommen |

Leider _____ sie _____ . | stolpern |

Alle _____ ihr _____ . | helfen |

6 Markiere in **4** und **5** die Formen von **haben** und **sein** und den Wortbaustein **ge-**.

Verben im Perfekt mit Wortbausteinen bilden

1 Schreibe die Verben im Perfekt passend zu den Pronomen.
Markiere den Wortbaustein -ge-.

haben + aufräumen

ich habe aufgeräumt _____

du _____

er _____

wir _____

ihr _____

sie _____

> Manchmal steht der Wortbaustein **ge-** im Perfekt in der Mitte des Verbs:
> ich habe aus**ge**trunken,
> du hast auf**ge**gessen,
> ...

2 Lies den Text. Markiere die Verben im Perfekt.

Gestern haben meine Schwester und ich aufgeräumt.

Meine Schwester hat die Bauklötze eingepackt.

Nach dem Essen haben wir eine Serie angeschaut.

Danach sind wir schnell eingeschlafen.

3 Setze die Verben im Perfekt ein.
Markiere den Wortbaustein **ge-**.

Ich _____ . | hochklettern |

Wir _____ . | umfallen |

Perfekt von Verben mit Wortbausteinen am Anfang bilden
Verben im Perfekt mit eingeschobenem Wortbaustein ge- erkennen
Sätze mit Verben im Perfekt mit eingeschobenem Wortbaustein ge- bilden

1 Schneide die blauen Karten aus.

2 Ordne die blauen Karten den Sätzen im Präteritum zu. Markiere die Verben im Perfekt.

Vor zwei Monaten kauften wir eine neue Brille.

Ich fuhr mit Papa zum Optiker.

Dort holten wir die neue Brille ab.

Meine alte Brille spendete ich.

Vor zwei Monaten haben wir eine neue Brille gekauft.

Ich bin mit Papa zum Optiker gefahren.

Dort haben wir die neue Brille abgeholt.

Meine alte Brille habe ich gespendet.

3 Sprich mit einem Partnerkind über die Sätze. Welche Sätze sind im Präteritum, welche Sätze sind im Perfekt? Begründet.

_____
Unterschrift Partnerkind

Handlungsorientiert Perfekt und Präteritum unterscheiden
Sätze im Perfekt Verben im Präteritum handlungsorientiert zuordnen

47

1 Markiere die Verben im Perfekt auf den roten Karten.

2 Ordne die roten Karten den Sätzen im Präteritum zu.

Im Traum sah ich ein wildes Tier.

Ich stand ganz still.

Das gruselige Tier kam immer näher.

Dann sprang es plötzlich in die Luft.

Karten (zum Ausschneiden):

Im Traum habe ich ein wildes Tier gesehen.

Ich habe ganz still gestanden.

Das gruselige Tier ist immer näher gekommen.

Dann ist es plötzlich in die Luft gesprungen.

3 Sprich mit einem Partnerkind über die Sätze.
Welche Sätze sind im Präteritum,
welche Sätze sind im Perfekt?
Begründet.

_____

Unterschrift Partnerkind

Perfekt und Präteritum unterscheiden
Sätze im Perfekt Verben im Präteritum handlungsorientiert zuordnen

Einen Text im Perfekt schreiben

Datum: _____

1 Lies. Markiere die Verben im Präteritum.

> Hallo Oma!
>
> Ich war mit Henry im neuen Spaßbad.
>
> Dort gefiel es uns gut.
>
> Henry traute sich zuerst nicht.
>
> Zum Glück sprang er dann ins Wasser.
>
> Am Ende hatte er auch viel Spaß.
>
> Dein Toni

2 Ergänze den Text im Perfekt in der Sprechblase.

> Hallo Oma,
>
> ich bin mit Henry im neuen Spaßbad gewesen.
>
> Dort hat es _____.
>
> Henry hat sich _____.
>
> _____
>
> _____
>
> _____
>
> _____

3 Welcher Text ist gesprochen, welcher
Text ist geschrieben? Begründet.

_____

Unterschrift Partnerkind

Einen Text im Präteritum lesen
Einen Text vom Präteritum ins Perfekt umschreiben
Die Schriftlichkeit und Mündlichkeit der Zeitformen erklären

📱 Ideen zum Einsatz des Tablets,
siehe Handreichung, Kap. 1.3

Si3

49

Subjekt, Prädikat ...

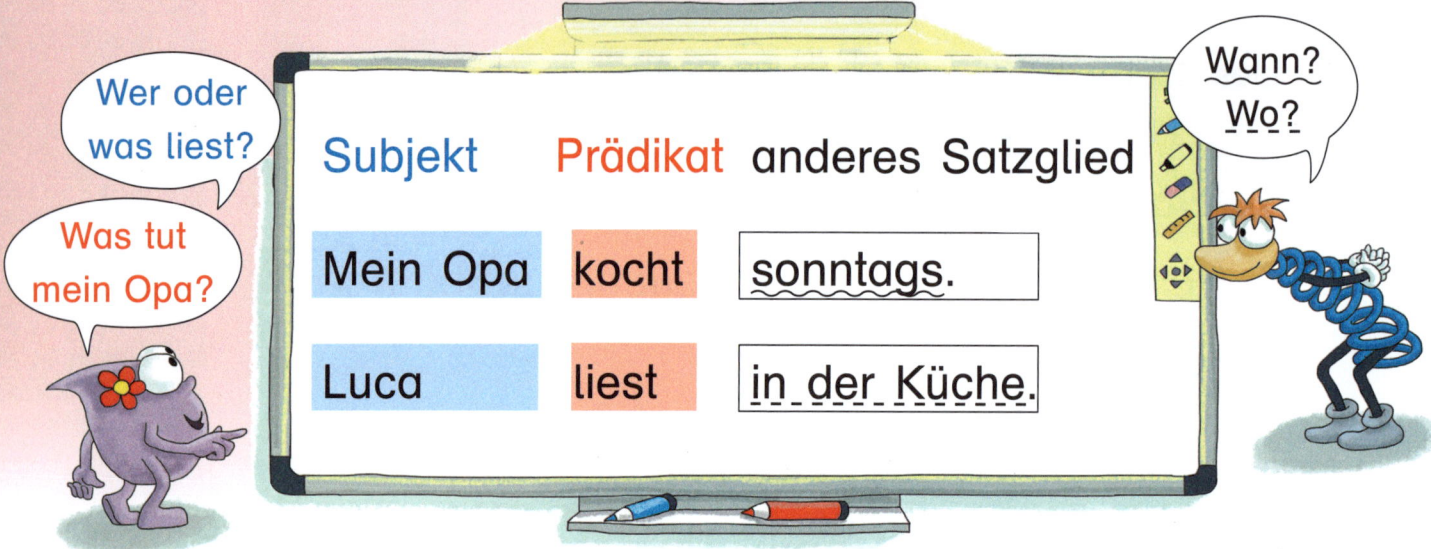

Subjekt	Prädikat	anderes Satzglied
Mein Opa	kocht	sonntags.
Luca	liest	in der Küche.

Wer oder was liest?

Was tut mein Opa?

Wann? Wo?

1 Sprich mit einem Partnerkind.
Was könntet ihr Flex und
Flora antworten?

_____
Unterschrift Partnerkind

2 Lies die Fragen. Schreibe das Subjekt von oben.

Wer oder was kocht sonntags?   Mein Opa

Wer oder was liest in der Küche?   _____

3 Lies die Fragen. Schreibe das Prädikat von oben.

Was tut mein Opa sonntags?   –   er   _____

Was tut Luca in der Küche?   –   er   _____

Sätze bestehen aus Satzgliedern: Luca liest in der Küche.
Wer oder was etwas tut, ist das Subjekt.
Wer liest ein Buch? → Luca → **Luca** ist das Subjekt.
Was jemand tut, ist das Prädikat.
Was tut Luca? → liest → **liest** ist das Prädikat.

Ideen zum Einsatz des Tablets,
siehe Handreichung, Kap. 1.3

Satzglieder als Bausteine eines Satzes erkennen und unterscheiden
Subjekt und Prädikat kennen
Fragen zur Bestimmung des Subjekts und Prädikats nutzen

4 Lies die Fragen. Schreibe die Antwort.

Wann kocht mein Opa?

~~~~~~~~~~~~~~~~~~~~~~~~~~~~~

Wo liest Luca?

> Ergänzungen der Zeit und Ergänzungen des Ortes sind Satzglieder.
> **Ergänzungen der Zeit** erkennst du, wenn du mit
> **Wann? Wie oft? Wie lange?** fragen kannst.
> Wann kocht Opa? → sonntags → **sonntags** ist die Ergänzung der Zeit.
> **Ergänzungen des Ortes** erkennst du, wenn du mit
> **Wo? Wohin? Woher?** fragen kannst.
> Wo liest Luca? → in der Küche → **in der Küche** ist die
> Ergänzung des Ortes.

5 Unterstreiche die Ergänzungen der Zeit und die Ergänzungen des Ortes.

Meine Tante wandert │in den Alpen│.
Wo wandert meine Tante?

Herr Sandu kommt │aus Hamburg│.
Woher kommt Herr Sandu?

Kira fliegt │nach Afrika│.
Wohin fliegt Kira?

Der Wecker klingelt │am Morgen│.
Wann klingelt der Wecker?

Alle Kinder laufen │10 Minuten│.
Wie lange laufen alle Kinder?

Satzglieder ...

1   Lies und male das Subjekt blau.
Frage so: **Wer oder was ...?**

Der Affe	klopft	am Fenster.
Frau Müller	telefoniert	am Abend.
Pakete	bringt	die Postbotin.
Der Kranz	hängt	am Tor.
Kocht	der Koch	morgens?

2   Lies und male das Prädikat rot.
Frage so: **Was tut jemand?**

Die Kinder	malen	im Garten.
Im Wald	leben	die Rehe.
Schwimmen	Fische	im Wasser?
Das Pferd	springt	hoch.
Schlafen	die Kinder	in der Nacht?

> Auch ein Prädikat kann
> an unterschiedlichen Stellen im Satz stehen:
> **Was tut jemand?**

3   Wo können Subjekte und Prädikate im Satz stehen?
Schau genau und erkläre einem Partnerkind.

_____
Unterschrift Partnerkind

▶ Erklärvideo *Satzglieder kennenlernen,*
siehe Handreichungen, Kap. 1.1.4

Subjekt und Prädikat im Satz identifizieren
Frageformen der Satzglieder Subjekt und Prädikat anwenden
Satzglieder an unterschiedlichen Stellen im Satz identifizieren

4 Lies und unterstreiche
die Ergänzungen des Ortes.
Frage so: **Wo? Wohin? Woher?**

Der Löwe	lebt	in Afrika.
Die Post	kommt	aus Spanien.
Auf dem Berg	steht	eine Fahne.
Wir	fliegen	nach Italien.
Schwimmst	du	im Pool?

Die Satzglieder findest du an verschiedenen Stellen im Satz

5 Lies und unterstreiche
die Ergänzungen der Zeit.
Frage so: **Wann? Wie oft? Wie lange?**

Die Frauen	singen	nachmittags.
Vier Stunden	dauert	der Film.
Fliegen	wir	am Montag?
Bellt	am Abend	der Hund?
Lauft ihr	jeden Tag	zur Schule?

6 Wo können Ergänzungen des Ortes und Ergänzungen
der Zeit im Satz stehen?
Schau genau und erkläre einem Partnerkind.

_____

Unterschrift Partnerkind

Ergänzungen des Ortes und der Zeit erkennen
Frageformen anwenden
Satzglieder an unterschiedlichen Stellen im Satz identifizieren

Satzglieder erkennen

1 Lies und male das Subjekt blau.

Paul	trinkt	Wasser.
Die Fische	schwimmen	im Teich.
Baden	die Kinder	im See?

2 Lies und male das Prädikat rot.

Die Eltern	sitzen	am Feuer.
In der Küche	kochen	alle.
Backst	du	den Kuchen?

3 Lies und unterstreiche
die Ergänzungen der Zeit.

Zwei Stunden	spielen	die Kinder.
Am Montag	wandert	Oma.
Das Telefon	klingelt	abends.

4 Lies und unterstreiche
die Ergänzungen des Ortes.

Die Tiere	leben	im Wald.
In die Stadt	fährt	der Bus.
Der Tiger	kommt	aus Asien.

Satzglieder bestimmen
Satzglieder an unterschiedlichen Stellen im Satz identifizieren

Handelnd Satzglieder umstellen

Datum: _____

 **1** Male das Subjekt blau.
Male das Prädikat rot.
Unterstreiche die Ergänzungen der Zeit.

 **2** Schneide die -Satzglieder aus.
Hefte sie mit einer Briefklammer
zu einem Satzfächer zusammen.

 **3** Bilde mit dem -Satzfächer
einen Satz. Das Subjekt steht vorn.
Schreibe und male alle Satzglieder passend an.

		.

 **4** Bilde mit dem -Satzfächer einen Satz.
Das Prädikat steht vorn.
Schreibe und male alle Satzglieder passend an.

		?

 **5** Bilde mit dem -Satzfächer einen Satz.
Die Ergänzung der Zeit steht vorn.
Schreibe und male alle Satzglieder passend an.

		.

DER WELPE

○

BELLT

○

IN DER NACHT

○

Handlungsorientiert Satzglieder identifizieren
Handlungsorientiert Satzglieder umstellen
Großschreibung am Satzanfang und Satzschlusszeichen beachten

DIE BÜCHER

STEHEN

IM REGAL

 **1** Nimm dir den -Satzfächer.

 **2** Bilde mit den ❤-Satzfächern unterschiedliche Sätze.
Schreibe. Setze das passende Satzzeichen.

 **3** Male in **2** die Subjekte blau und die Prädikate rot an.

4 Unterstreiche in **2** die Ergänzungen des Ortes.

 **5** Male das Subjekt blau und das Prädikat rot.
Denke dir eine Ergänzung des Ortes aus.
Bilde unterschiedliche Sätze und schreibe sie in dein Heft.

SCHWEINE	GRUNZEN	
TAUBEN	FLIEGEN	
ENTEN	SCHWIMMEN	

Handlungsorientiert Satzglieder bestimmen
Bestimmungsfragen nutzen und Satzglieder einfärben
Einen Satz bilden und umstellen

 **1** Schneide die lila Karten aus.

2 Bilde die Sätze mit einer passenden
Ergänzung der Zeit und den Ergänzung des Ortes.

Die Klasse singt [_____]

immer ein Lied.

Nach der Schule kauft sich Lina

[_____] ein Getränk.

Lotte liest gern [_____] .

[_____] warte ich auf

den Postboten.

Wir haben alle [_____] viel Spaß.

[_____] treffen wir uns immer.

IM PARK

AM STRAND

MORGENS

BEIM KIOSK

MONTAGS

AM ABEND

 **3** Stelle einem Partnerkind deine Sätze vor.
Tauscht die Satzglieder aus
und verändert die Sätze.

_____
Unterschrift Partnerkind

 **4** Schreibe 3 Sätze von **2** in dein Heft.
Achte auf die richtige Schreibung.

Handlungsorientiert Sätze mit Ergänzungen des Ortes und der Zeit ergänzen
Mit Satzgliedern den Inhalt der Sätze verändern

57

Ergänzung des Ortes

Ergänzung des Ortes

Ergänzung des Ortes

Ergänzung der Zeit

Ergänzung des Ortes

Ergänzung der Zeit

Ergänzung der Zeit

 **1** Ordne die grünen Karten den passenden Sätzen zu.

<u>Auf dem Küchentisch</u> liegen zwei Eintrittskarten.

Die Eintrittskarten hat die Nachbarin <u>heute</u> gebracht.

<u>Am Samstag</u> findet ein Hockeyspiel statt.

Toll, ich gehe <u>in das große Stadion</u>!

Mein Platz ist <u>hinter dem Tor</u>.

<u>Heute Abend</u> frage ich Papa, ob er mitkommt.

2 Schreibe 4 eigene Sätze mit Ergänzungen des Ortes und Ergänzungen der Zeit in dein Heft.

Handlungsorientiert Ergänzungen des Ortes und der Zeit bestimmen
Eigene Sätze mit Ergänzungen des Ortes und der Zeit bilden

Lustige Sätze bilden

Datum: _____

1 Bilde lustige Sätze. Lies sie einem Partnerkind vor.

Das Kind	liest	nachts.
Die Oma	malt	im Schwimmbad.
Der Elefant	klopft	in Deutschland.
Papa	lebt	eine Stunde.
Der Vogel	sitzt	auf dem Baum.

_____
Unterschrift Partnerkind

2 Schreibe 5 lustige Sätze.

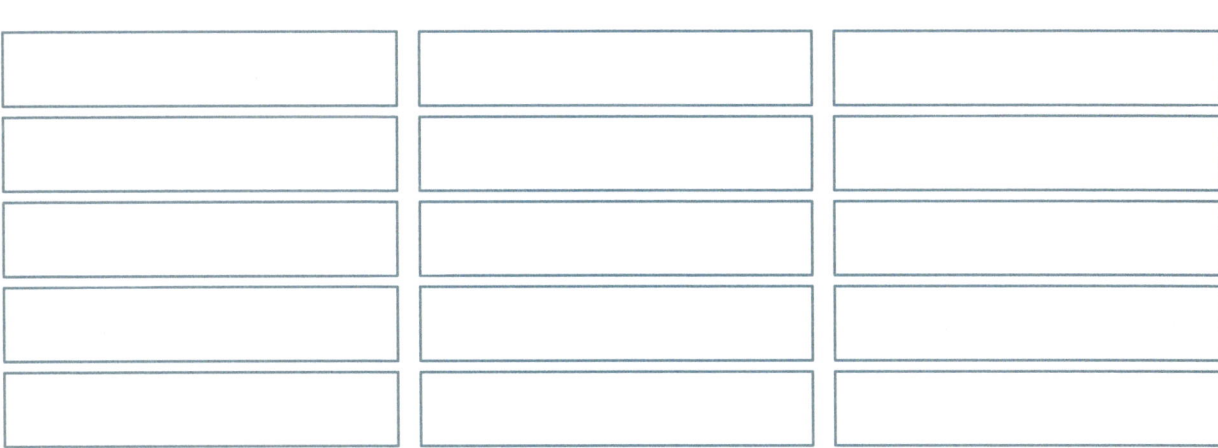

3 Male in deinen lustigen Sätzen die Subjekte blau
und die Prädikate rot.
Unterstreiche die Ergänzungen des Ortes
und die Ergänzungen der Zeit.

Denke an die Satzschlusszeichen.

4 Schreibe 3 eigene Sätze in dein Heft
und bestimme die Satzglieder.

Aus Satzgliedern lustige Sätze bilden
Großschreibung am Satzanfang und Satzschlusszeichen beachten
Aus Satzgliedern sinnvolle Sätze bilden

Si4

59

Sprache erforschen

Datum: _____

	Englisch	Italienisch	Französisch	Türkisch
0	zero	zero	zéro	sıfır
1	one	uno	un	bir
2	two	due	deux	iki
3	three	tre	trois	üç
4	four	quattro	quatre	dört
5	five	cinque	cinq	beş
6	six	sei	six	altı
7	seven	sette	sept	yedi
8	eight	otto	huit	sekiz
9	nine	nove	neuf	dokuz
10	ten	dieci	dix	on

1 Versuche, die Zahlen in den verschiedenen Sprachen halblaut zu lesen.

2 Sprich mit einem Partnerkind über die Zahlen.
Gibt es Ähnlichkeiten und Unterschiede?

_____
Unterschrift Partnerkind

3 Suche dir eine Sprache von oben aus.
Schreibe die Zahlen von 0 bis 10 in dein Heft.
Schreibe die Zahlen von 0 bis 10 in deiner Sprache daneben.

4 Suche dir ein Partnerkind. Welche Sprache interessiert euch? Sucht in der Sprache im Internet die Wörter der Zahlen von 0 bis 10.

_____
Unterschrift Partnerkind

 Ideen zum Einsatz des Tablets,
siehe Handreichung, Kap. 1.3

Zahlen in anderen Sprachen lesen und vergleichen
Ähnlichkeiten und Unterschiede verschiedener Sprache erkennen
Zahlen als Zahlwörter in einer fremden und in der eigenen Sprache schreiben

Fachbegriffe für digitale Medien kennen

1 Lies. Verbinde Fachbegriff und Erklärung.

Monitor	etwas, was gespeichert wird
Datei	ein anderes Wort für Film
Video	eine Internetseite
Homepage	ein Bildschirm

2 Lies. Schreibe die Fachwörter zu den Erklärungen.

~~Datenschutz~~   Link   App   Suchmaschine

ein Schutz, der darüber
bestimmt, wer deine Daten
benutzen darf und wofür   <u>Datenschutz</u>

damit kannst du im
Internet suchen   _____

ein kleines Programm auf
dem Tablet oder dem
Smartphone   _____

eine Verbindung zu einer
anderen Internetseite   _____

Fachbegriffe für digitale Medien erklären

1 Lies. Verbinde den Fachbegriff mit der Erklärung.

| WERBUNG | QUELLE |

So nennt man z. B. eine Seite im Internet, von der eine Information kommt. Dies sollte immer sicher sein.

Damit möchte man Menschen überzeugen, ein Produkt zu kaufen. Damit finanzieren sich viele Internetseiten.

2 Erkläre die Fachbegriffe.

Laptop _____

_____

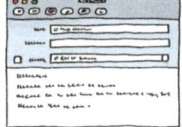

E-Mail _____

_____

Handy _____

_____

3 Suche mit einem Partnerkind im Internet unter *www.internet-abc.de* nach einer Erklärung für den Begriff **Download**.

_____

Unterschrift Partnerkind

Erklärungen für digitale Medien lesen und verstehen
Erklärungen für digitale Medien verfassen
Im Internet zu einem Fachbegriff für digitale Medien recherchieren

Das kann ich jetzt

Ich kenne Merkmale von Nomen:

Nomen für Menschen: _die Pilotin_

Nomen für Tiere: _____

Nomen für Pflanzen: _____

Nomen für Dinge: _____

Nomen mit unbestimmten Artikel: _____

Nomen im Plural: _____

Nomen mit Wortbausteinen: _____

Ich kenne Pronomen:

ich

ihm

Ich kann zusammengesetzte Wörter bilden:

der Blitz   +   _schnell_   →   _____

_____   +   _____   →   _____

_____   +   _____   →   _____

Ich kann verschiedene Sätze mit passenden Satzzeichen schreiben:

_____ .

_____ ?

_____ !

Das kann ich jetzt

Datum: _____

Ich kenne nachgestellte Begleitsätze:

☐ Magst du Nudeln ☐☐☐   fragt Kolja.

☐ Komm nach Hause ☐☐☐   _____.

☐ Gehen wir einkaufen ☐☐☐   _____.

Ich kenne die Nomen in den vier Fällen:

Wer oder was? – <u>der Kater</u> hat sich verletzt.

Wessen? – Die Pfote _____ ist verbunden.

Wem? – Wir geben _____ Futter.

Wen oder was? – Alle streicheln _____.

Ich kann Verben im Perfekt bilden:

malen	**fallen**
ich <u>habe gemalt</u>	du <u>bist gefallen</u>
er _____	ihr _____

Ich kann Sätze mit Ergänzungen der Zeit und des Ortes bilden:

<u>Wann? Wie oft? Wie lange?</u>   <u>Wo? Wohin? Woher?</u>

_____

_____

_____